世界装飾図
II

オーギュスト・ラシネ　原著
マール社編集部　編

マール社

はじめに

acinet（ラシネ・オーギュスト 1825 ～ 93）は、19 世紀フランスの最も有名なデザイナーで、その代表作に L'ornement Polychrome『世界装飾図集成』、Le costume historique『服装史』があります。前者は全四巻で、後者はその一部を『世界の服飾 1・民族衣装』、『世界の服飾 2・続 民族衣装』の全二巻で、小社より刊行いたしております。

『世界装飾図集成』は、時代は原始から 19 世紀まで、地域はヨーロッパを中心に広くアジア、アフリカをカバーし、収録文様数は数千点に及んでおります。

原著は、1869 年から 1873 年の間にフランスで発行されましたが、続いて英語版、ドイツ語版と外国語版が次々と発行されたことは、本書の実用的効果と、工芸美術に及ぼした貢献を、十分に証明しています。そしてその内容は、織物、彫刻、陶器、金銀・宝石細工、黒金、写本装飾、ステンドグラス、寄木細工、銅版画、金箔皮革、装丁、モザイク、タイルなど、工芸美術のすべての分野を包括しています。

この広範な分野を一巻にまとめ上げるために、一枚の中に、二十前後もの多数のパターンを、調和のとれた、巧みな構成でまとめ上げたことは驚くべきことですが、さらに当時の読者を驚かせたのは、図案の正確さ、色彩の忠実さであり、印刷技術の最高峰を極めた豪華絢爛さでした。

原著は、縦41㎝、横31㎝、厚さ7㎝、重量は二巻で13kgもある豪華本で、工芸美術にとって、非常に利用度の高いものですが、余りに精密な図柄と、金銀を多用している所からなる復刻の困難さのために、所蔵者の書庫深く愛蔵されて、人々の目に触れる機会が甚だ乏しい実状でありました。

小社では、工芸美術にかかわる多くの人々の座右に備えて活用していただくことを目指して、昭和51年、創立一周年記念事業として、原著二巻を四分冊に編集し、破格の廉価で発行いたしました。幸いにも、非常に多くの読者のご支持を得て版を重ね、今日に至りました。

そして1994年には創立二十周年にあたり、読者の皆様への感謝と、この工芸美術界不朽の名作をより多くの方々に身近なものとしていただく願いをこめて、『世界装飾図1〜4』を超ダイジェスト版として図版の相当部分に簡単な説明だけを付し、『世界装飾図』の書名で文庫サイズにまとめて刊行しました。

本書はその続編として、前巻では収録しきれなかった図版をまとめ、『世界装飾図Ⅱ』の書名で同じく文庫化したものです。ダイジェスト版という性格上、様々に不十分な点はございますが、美しい世界各地の文様装飾を手軽にお楽しみ頂ければ幸いです。

マール社編集部

※本書の用語・地名等のカナ表記は、原著のフランス語の発音によった。また領土区分・国名等は19世紀後半のものである。
※本文中の現代とは19世紀を指す。
※本文中に現代では不適切な表現があるが、原文のまま掲載している。

内容一覧表

彫刻・浮彫り・木装飾：エジプト – 8、ギリシア – 14、中世 – 80、90、ルネサンス – 108、110、112、118、17 世紀 – 140

絵画装飾：エジプト – 10、ギリシア・ローマ – 12、中国 – 16、18、インド – 32、34、インド・ペルシア – 36、40、ギリシア・ビザンチン – 62、ケルト・ビザンチン – 64、ビザンチン – 66、68、中世 – 76、78、98、ルネサンス – 108、110、126、16 世紀 – 130、17 世紀 – 138、142、18 世紀 – 152、154

モザイク及びタイル：ギリシア・ローマ – 12、ギリシア – 14、ギリシア・ビザンチン – 60、ビザンチン – 66、68、マウル – 70、16 世紀 – 132

金銀細工及び宝石細工・象嵌・黒金・七宝・琺瑯：中国 – 20、中国と日本 – 24、日本 – 30、インド – 32、34、インド・ペルシア –38、ペルシア – 44、48、ケルト・ビザンチン – 64、ビザンチン – 66、中世 – 86、88、ルネサンス – 114、124、17 世紀 – 138

織物・布地・刺繍・紙：エジプト –10、中国 – 22、日本 – 26、28、ペルシア – 52、54、中世 – 82、94、96、ルネサンス – 128、16 世紀・17 世紀 – 134、136、144、146、18 世紀 – 150、156

写本装飾：インド・ペルシア – 38、ペルシア – 46、アラブ – 56、アルメニア – 58、ビザンチン – 66、68、中世 – 72、74、76、78、84、86、88、92、ルネサンス – 100、102、104、106、108、116、124、126

ステンドグラス、ガラス：中世 – 92、ルネサンス – 120、128

陶器類：ギリシア – 14、ペルシア – 42、48、50、ルネサンス – 114、122、18 世紀 – 158

目　次

エジプト …… 8
古代ギリシアとギリシア・ローマ …… 12
ギリシア …… 14
中国 …… 16
中国と日本 …… 24
日本 …… 26
インド …… 32
インド・ペルシア …… 36
ペルシア …… 42
アラブ …… 56
アルメニア …… 58
ギリシア・ビザンチン …… 60
ケルト・ビザンチン …… 64
ビザンチン …… 66
マウル …… 70
中世 …… 72
ルネサンス …… 100
16 世紀 …… 130
16・17 世紀 …… 134
17 世紀 …… 138
18 世紀 …… 150

世界装飾図 II

エジプト——彩色の深彫り、浅彫りレリーフ

7

9

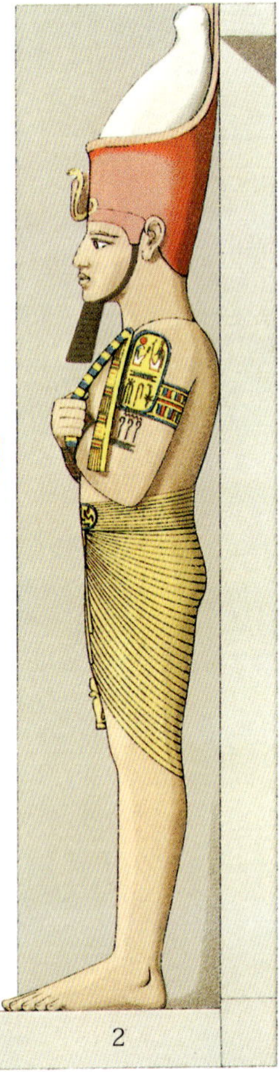

2

図 1・2 ―ラムゼス＝セゾストリ王の肖像の深彫りレリーフ。彫像柱の正面及び側面図である。地下洞穴寺院スペオスの彫像柱でイプサンブールのフレ（太陽）聖寺院のもの。原寸は 7m の高さがある。

図 3・6・9 ―蓮《はす》の花。図 3 は 1 本だけの、図 6 は絵の、図 9 は彫刻である。

図 4 ―琺瑯《ほうろう》陶器の盃。全周に披針形《ひしんけい》の葉の模様が入っている。

図 5 ―白鳥が伏せた形をした壷。

図 7 ―王旗の先に付いている記章。女の頭の上には生殖を意味する二本の角がはえ、その間に太陽の円盤が光っている。

図 8 ―台座付きの王座に腰かけた女の図。

図 10 ―群青《ぐんじょう》と金の、柱の装飾部分。小さなへら形が並んでいる。

エジプト —— 壁画（壁布）

1

2

すべて天井装飾の図版画である。

図 1･3 －エジプトの図版画で、白蓮の花をモチーフにしたもの。図柄を横割りにして、薔薇《ばら》形の小花模様を刺繍した複縦線の帯など、様々な基調で満たしたうえに、モチーフを規則的に点在させてある。

3

図２－この牛頭模様は、太陽の円い表面や、ハトホル神（エジプト神話で、天空と愛の女神。牝牛の姿で表される）の象徴や、エジプトのヴィーナスなどを飾る三日月模様を上に乗せ、編紐模様の真ん中になんらかの立体感を出すために、縫い付けの刺繍模様が施されている。編紐模様の中に描かれているバッタは、飾り紐を縫い付ける前に貼り付けられた、モザイクの上に描かれている。

古代ギリシアとギリシア・ローマ——多色配合のモチーフ

図 1 ―アテネのヴィクトワール・アプテールの寺院の帯状模様の装飾。

図 2 ―アテネのミネルバ・ポリアーデ寺院の扉の下。

図 3 ―メタポントのある寺院の廃墟の中から発見された、樋《とい》に使われている波状刳形《くりかた》（建物や家具につけられる帯状の装飾）。

図 4・10 ―帯状模様（フリーズ）の水切石の格間《ごうま》（格天井《ごうてんじょう》と呼ばれる木を格子に組んで、それに板を張った天井の、縁《ふち》に囲まれた一区画）の装飾。

図 5 ―ペストム寺院の帯状模様の装飾。

図 6 ―古代の断片、水切石の格間。

図 7・8 ―棕櫚《しゅろ》の葉模様。

図 9 ―ヴィクトワール・アプテールの寺院の軒鼻《のきばな》飾り。

図 11・16 ―エギナの全ギリシアジュピター寺院の帯状模様の装飾。

図 12 ―屈折模様。

図 13・15 ―装飾。

図 14 ―プロヒレの星。

図 17 ―シシリアで発見された、モザイクの断片。

ギリシア―― 全盛期の各種装飾

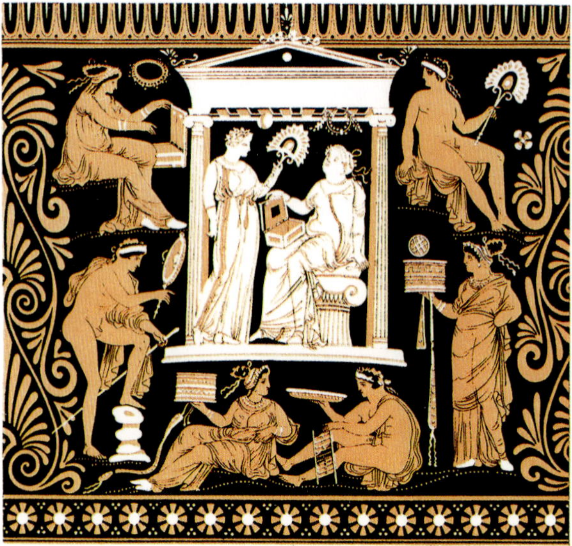

1

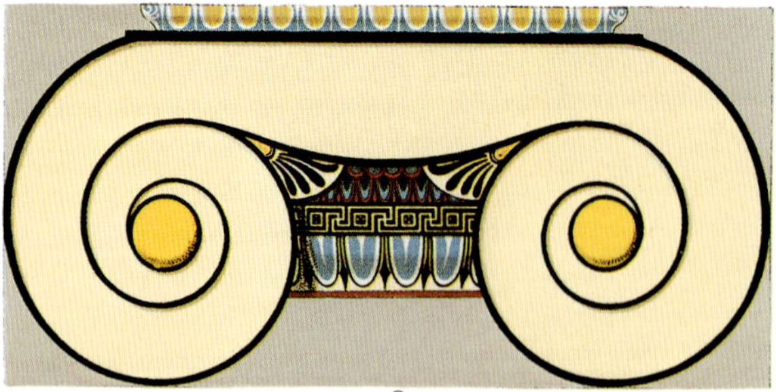

2

3

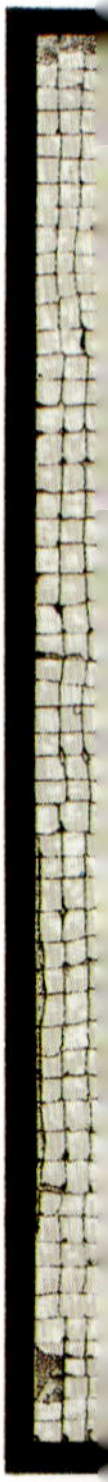

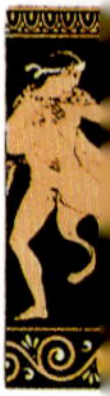

4

5

図1・3・5－陶器に施された装飾の断片。図1は葬式の場面で、静かな落ち着いた様相がよく表れている。中に描かれている神殿は、小アジアの月の女神セレネのペジメント（切妻《きりづま》）のある小神殿である。図3は、器の首の部分を巻く輪状の装飾の一部である。海の世界がここに並んでいる生物たちによって映し出されている。図5は、バッカス祭の酒宴の図。

図2－イオニア式柱頭。

図4－モザイクの浮彫り、化粧板。この像はギリシアではエルピス、ローマではスペスと呼ばれる希望の女神で、この二つの世界の人々にとって、礼拝の対象となっていた。希望は片手に花を持ち、もう一方の手で衣装をつまんだ盛装の美しい女性の姿をとって、われわれの前に現れる。

この、縦長の三枚の写実絵画は、無地の空間が広々としているのが目立ち、逆に上の部分は少ない。われわれは、明るく陽気で空間的な、それでいて実に詩的な題材を巧みに描き出す中国人の技法に感嘆する。

これは日本人にも言えることであるが、自然界にこれほど多くの題材があったものかと、われわれにあらためて思わせてくれる。

中国 ——— 自由な流れ、または平行置換による装飾

この緑の地色をした図版は、事物間の遠近関係を気にしない、アジア的な趣味が思いのままに発揮されている装飾的断片の一つである。ここでは、色調の接近、対立が最も精巧だ。濃い赤茶色の陽光部と、時折黒を使用し、背景には晴朗で軽やかな空の色を用いることによって、幸いにも、あらゆる無味乾燥を遠ざけている。

中国――屈折模様

この図版に含まれているモチーフは、ロスチャイルド男爵夫人や、バァーティ、エヴァンズ、ローレンスそしてメンツァー諸代所有のブロンズの壷や、錫《すず》、銀或いは金の嵌め込まれた壷に由来する。装飾家の見地からすれば、これらの生き生きとした屈折模様についての研究ほど興味深いものはない。それらは、

ジャンルが類似しているにもかかわらず、線の厳しいギリシア的な屈折模様とは非常に異なっている。左右対称が非常に巧妙に変化しているこれらの装飾上の構成は、古代中国人の装飾技術に対する高度な理念を示し、また、われわれの現代工芸にも数多くのひらめきを与えてくれる。

この絹織物は、研究され得る織布装飾の中で最も美しいもののひとつである。“光の長女”とツェグレールが呼ぶ、黄色が背景となっている。これは中国の支配者であった清王朝の仕着せである。縦横に飛び交う四つの爪を持った竜は、これを着る人の階級的地位を示す。

この織物では、色合をぼかさずに、各色彩を明確に対立させることによって効果が得られていること、そしてまた、図案の流れの中で、白い輪郭線のために、目はいかなる優柔不断も許されないことがわかる。

この輪郭は、竜を取り巻き、この怪物が動いている雰囲気を醸し出すように作られた、より巾の広い、より強烈な白い脊髄棘とは違って、そこに類似色をつけるには狭すぎる。われわれは、光を作用させて背景の色合に段階をつけながら、絹織物のもつ余韻を模倣してみた。

図 1･8･5 −中国の七宝、エドゥアール･アンドレ氏のコレクション。

図 2 〜 4 −中国の七宝、国立図書館の写本。

6

7

8

図６－中国の七宝、デュチュイ氏のコレクション。

図７－日本の七宝、クウルリ・デュレレ氏のコレクション。

日本 ——水平面上の振動装飾

日本人は単純な方法によって、例えば襖紙あるいは壁に貼る布のようなものによって、水平面上にさまざまな効果を生み出す技術に秀でている。この図版には、言わば「振動装飾」とでも名付けられるようなジャンルの装飾が集められている。

辞書によれば「振動」は、あるいはある点、あるいは物体が、静止の状態に至るまで、迅速かつ継起的に繰り返される行程として描き出す往復運動として定義されている。動きあるいは生命を愛好する日本人は、装飾にも「振動」を与えるべく、創造に関わるすべての現象の観察を怠らなかった。そして、「振動」を時には生き生きと活発な、あるいは潜在的な移動によって、そして時には花火の明るいきらめきや閃光等のような、運動の幻覚を与える光学的効果によって表現したのである。

日本 ——襖紙《ふすまがみ》用捺染《なっせん》紙《し》

図版左下の青い小鳥が飛んでいる襖紙《ふすまがみ》を除けば、他はすべて２つの色調だけで構成されている。くすんだ色の地は、刷毛で

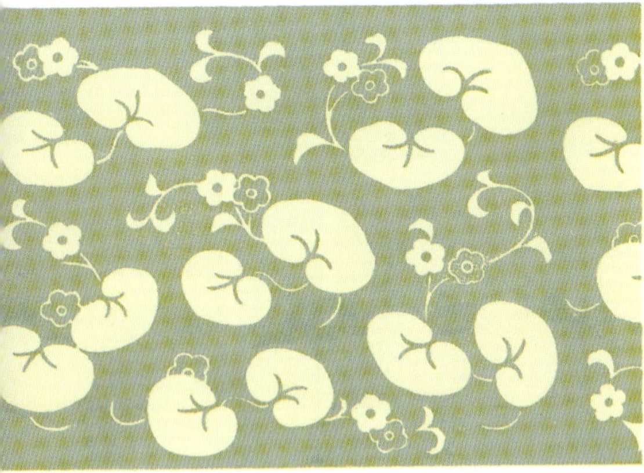

下塗りされており、同じような方法で金属光沢を有する色調が施されている。

日本——金属板に施された装飾、刀剣の鍔《つば》、小《こ》柄《づか》

ここにあげたすべての作品は、1880年の金属をテーマにした中央連合博覧会に出品された。これらの作品は、制作過程の価値を語るまでもなく、見ればその価値がわかる。いくつかのものは、実に味わい深い驚嘆に値するものである。装飾は全面に施されて

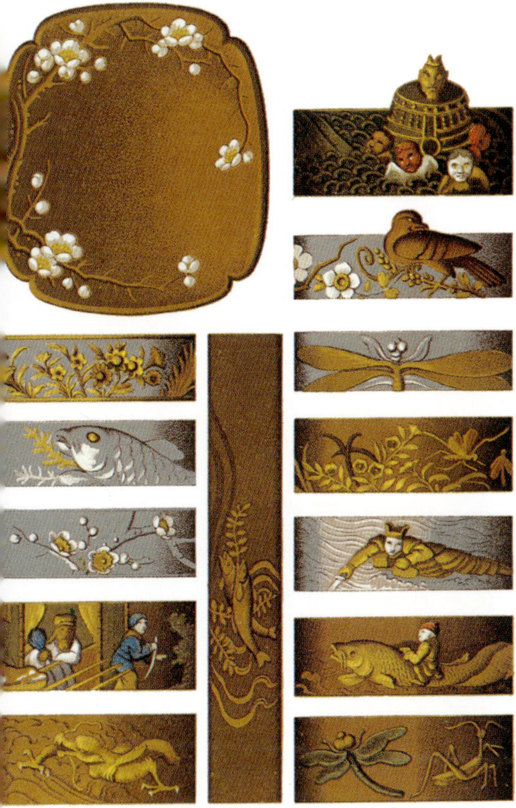

いるものもあれば、ごく一部だけに施されているものもある。陽の昇る帝国の神話は、これらの装飾の分野についてだけは真理である。しかし他の分野について見ても、われわれにとってはなじむものではない。それらはやはり日本だけのものである。

インド——花と流れる装飾、絵画と黒金など

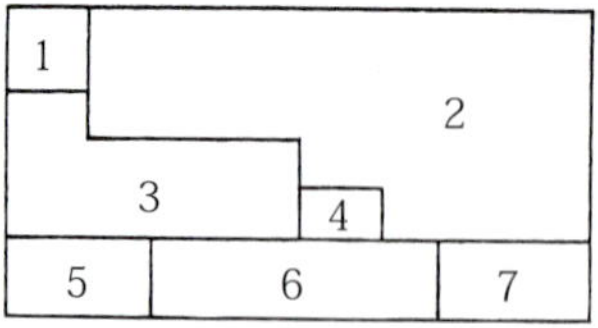

図1〜3・6—縁《ふち》飾りと地、手描きの絵。

図4—七宝焼。

図5・7—黒金（ニエロとも。硫黄、銅、銀、それに通常鉛《なまり》から成る黒色合金）。

4
7
8
9

図 1・2 ―微細画の縁《ふち》飾り、国立図書館。

図 3・6 ―ヴェルデ・ドリール氏所有の、彩色厚紙による品々の装飾。

図 4・12 ―サロモン・ド・ロスチャイルド男爵夫人所有の縞瑪瑙《しまめのう》の土台に、金の七宝模様のある短刀の中のモチーフ。

図 5 ―ビロード地に刺繍と金具のあるインド靴の断片。

図 7・8 ―ベルモ氏所有の彩色厚紙の盃。

図 9 ―同氏所有の彩色厚紙の盆。

図 10 ―サロモン・ド・ロスチャイルド男爵夫人所有の小台上の盃。

図 11 ―布地上の棕櫚《しゅろ》、微細画による。国立図書館。

インド・ペルシア——絵画装飾

いくつかの図版には、他でもしばしば用いられている色である藍色（インディゴ）が、背景として用いられている。激しく熱い光が降り注ぐインドでは、染色や絵画において、黒のアクセントを付けるためにはインディゴで十分であり、事実多くの場合、インディゴが黒の代わりをしているのである。このような色調の緩和によって、インド－ペルシアにおける絵画装飾の一大原則である、平面的装飾の統一性が保たれている。

ヨーロッパにおいて、インドの装飾と同じような輝かしい効果を得るためには、地のインディゴの色調を、もっと濃くしなければならないであろう。

このページのみごとな装飾は、コーランに由来したもので、ミル＝イマドにより描かれたものである。この人物は、シャー・アッバス１世の書道家の第一人者であった。

また、右側の短刀は古いインドのもので、側面が反り上がった七宝焼で飾られている。この七宝は、インドでも最も美しい七宝を生産する、Radjpoutanaの生産品の一つである。寸法は44㎝である。

15 ないし 16 世紀の、コーランの一ページを飾っている装飾。

1

この装飾は、コーランの形式に則している。人間や生物のありのままの表現を禁じているのがそれである。

図1ーダマスカスの打ち捨てられたモスクの台座で、冠状の上部の化粧仕上げを施したものの部分。

2

図2ー羽目板《はめいた》の小部分で、高さ0.24cm。

3

図3ー普通に見られる縁《ふち》取り。正方形を縦につなぐ。各正方形の軸から軸、つまり、それぞれの棕櫚《しゅろ》の葉模様の中心から中心までが0.25cm。

4

図4ー美しい冠飾りの部分。冠飾りの長めの角型の中心から中心までは0.22cmである。

ペルシア——宝石及び金泥《きんでい》塗り装飾のしろめ細工

図1－銀の象嵌《ぞうがん》細工による真鍮《しんちゅう》の盃の図柄。(パリ国立図書館)

図2－精巧な宝石類で粉飾した、しろめ（錫《すず》と鉛《なまり》との、ほぼ四対一の合金）細工の皿の図版画。しろめを土台とした奢侈《しゃし》（ぜいたく）な色彩は、安い金属（しろめ）を使用することに対して、さまざまな偏見を持つ人々を驚かすに充分である。

図3・4・5－バシレウスキー氏のコレクションの細工品をもとに蒐集《しゅうしゅう》されたもの。

ペルシア——写本の挿絵

これらの縁《ふち》飾りの図柄は、詩人サーディの素晴らしい作品の詩句を

もとに、1609 年、ミル＝イマドの手によって描かれたものである。

ペルシア――琺瑯《ほうろう》あるいは上薬塗り陶器

　これらの陶器の装飾図柄をみると、一切の模写を使わずに描いていることがわかる。したがって、その姿形をゆがめることもなく、ただその図柄を簡潔に描き出そうとすることに重点をおいている。

図 1・2・4・6 〜 8 −パリのシャンゼリゼにおいて、1869 年、中央協会主催の近東諸国展示会に出品された。図 3 と 5 は、16 世紀の陶器である。そして図 3 は、その模様が大きな空間の中を広がっていく意匠によって描かれた最初のものであり、図 5 は、「帯状模様の流れ」に分類されるものである。

左の図版を構成している種々のモチーフは、ペルシア陶器の中で一般的に用いられている装飾体系に関して、ある一つの正確な見解を与えてくれる。

この体系は、飾りとしての花を組み合わせた、純粋なアラベスク（唐草模様）を一番よく用いる。その花の図案は、多かれ少なかれ、自然にあるものと似ており、この図版の中にも、バラや孔雀草、チューリップ、ヒヤシンス等を見つけることができる。また時折こうした装飾は、ニューヴェルケルク公爵所有の、図版中央の見事な皿の中心を占めている鳥のように、何か架空の鳥で息づくこともある。

ペルシア ――プリント布地　花と動物の図

ペルシア形式は、いくつかの点においてインド美術と似ているのだが、ここに示された、東洋の製作による布の断片には、花や動物の姿（とりわけ鳥）、そして人間の姿さえ集められていることがわかるだろう。それらは自然の模倣と、装飾的なものとのちょうど中間として扱われ、ある時は自由に、しかもまるで偶然によるかのように空間に投げ出されているかと思えば、ある時には規則的な装飾形体の中に集められている、という具合なのだ。

ペルシア——綴織《つづれおり》と流れる装飾

この絨毯《じゅうたん》は、16 世紀にあたるペルシア美術の良き時代に製作された。ペルシア人が非常によく用いた自然の花は、ここでは脇役でしかない。がしかし、それらの花は、十分華麗だ。この絨毯には、東洋の最も重要な種類の棕櫚《しゅろ》が描かれている。しかも

典型的な色を忠実に使用している。画家ブウヴィエ氏所有。

アラブ——写本の彩色挿絵（ばら形装飾）

この図版にある一群のばら形装飾はすべて、ぜいたくなまでの装飾を施されている、特別サイズのコーランからとった。

ここでは、アラブ美術では宗教上の規則によって表現することが禁じられていた生物の姿が全く見られないだけでなく、幾何学的な組み合わせの力強さによっても、非常にうまくアラブ美術の特色が表れている。そして、アラブ装飾の典型として、オウエン・ジョーンズの『装飾法則』によってまさしく有名になった、いくつかの特色が注目される。例えばそれは、特に中央のばら形装飾にみられるように、放射状の中心から出発して円周に至るまでの、連続的な渦形装飾のようなものなどである。

ここにあげる図版は、プリス・ダヴェヌス氏が『アルメニア・16世紀』と題する、未完の草稿の中に収められている挿絵付き写本、ミサ用福音書抄録からとったものである。

われわれはこの図版に描き出された装飾に、アジア的影響を受けたギリシアの装飾との類似性を汲み取ることができる。花柄模様を構成する個々のモチーフは、インドーペルシアの濃い影響下にあるにしても、簡潔な処理の仕様はアルメニア美術固有のものである。しかし、アジア的影響だけでなく、スラブーロシア的趣向である絡み模様の影響も確かにあることは疑いえない。

細密画家はモチーフの豊富さと繊細さとを調和させ、実に豪華で美しい模様を描きこんでいる。

ギリシア・ビザンチン――モザイクによる装飾

このモザイクは、９世紀の後半、ベニスのサン・マルク寺院の九面天井の１つに、天井画として製作されたものである。ギリシアの装飾美術の一般的な特徴について述べる場合には、装飾面から見ると、近東様式と比べて簡素なビザンチン様式によるこの作品の価値を、強調しないわけにはいかない。

ギリシア・ビザンチン——絵画による装飾

1

2

3

4

5

6

7

8

図1・5－帯状飾りのこの図版は、ギリシア的曲折模様の角立った襞《ひだ》を失わずに保っている。古代を主題としたこれらの巧妙な変化の図柄は、12世紀前半に書かれたドイツ人の書物にみられる。その書物とは、ヴァリエール公所蔵のミサ用福音書抄録である。

図2・3・7－これらの図版のモチーフは、ギリシアの書物、福音書、聖伝、書簡等から採り出したもので、およそ800年頃に小アジアにおいて描かれたものである。

図4－この作品は、12世紀のノルマン派の特徴をモチーフとしている。また、ここに挙げた図柄の断片は、『歴史記念建造物』から転載したものである。

図6・8－グルノーブル図書館の所蔵書によれば、柱廊をかたどったこの作品は、おそらく10世紀頃、ロンバルディアにおいて描かれたものである。ギリシア様式からその着想を得たこの様式は、一つの亜流であり、その作者は、ロンバルディア・グレック派という流派の人物と考えられる。

ケルト・ビザンチン――琺瑯《ほうろう》塗り金銀細工／装飾絵画の原型

1

図1－9世紀から10世紀頃の琺瑯塗り金銀細工の典型的な作品。

図2－この図が表しているのは、奥室を囲んだ礼拝堂の典型である。穹窿《きゅうりゅう》（円みをつけた天井）は、空中を流れるようなきらめく帯と、ケルト模様に飾られている。

図３－福音書の一冊の口絵を彩る装飾物。肖像画の使途は、いくつかの鍵を持っているサン・ピエールである。傍らの二羽の鶏は、彼に向けて不吉な歌を歌っている。

ビザンチン ── モザイク、線条細工琺瑯《ほうろう》と刺繍

図1・9・10・11・13・14・15・16－シャルル・テキエ氏によって収集されたトレビゾンドの近くの修道院のフレスコ画から採られた。それらは刺繍を施され、真珠や宝石で飾られた布地の断片を表している。ビザンチン人はこれらを身にまとい、自分たちの靴の上にまで装飾を施していた。

図2・4・5－ルーブル美術館のミサ用福音書抄録によるもので、ちりばめられた石の周りの飾りの役目をする七宝と線条細工琺瑯。

図3・6・7・8・12－パレルモにあるジザ礼拝堂に由来するモザイク。

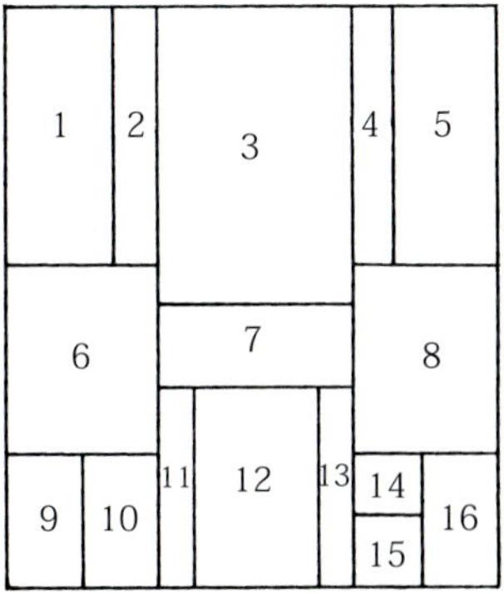

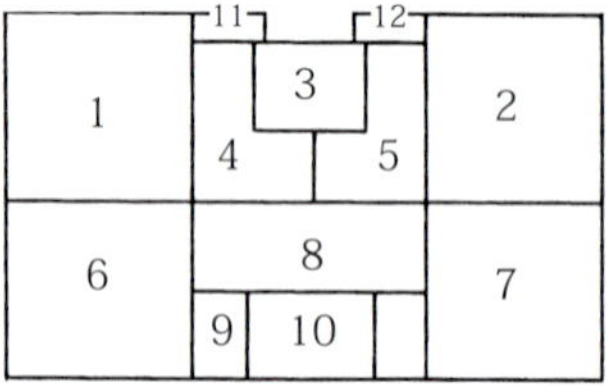

図 1・2 ―写本（国立図書館）。

図 3・8・10 ―コンスタンチノープルで採集された絵画、17 ～ 18 世紀。

図4・5・9 ―縁《ふち》絵（国立図書館）、8～9世紀。ほとんど変化を蒙《こうむ》っていない古代装飾。

図6・7 ― 16世紀にさかのぼる、聖ソフィアの絵画、サルゼンベルグによる。

図11・12 ―写本の細部。

マウル――モザイク

この図版のモチーフは、グラナダのアルハンブラ宮殿、もしくはセヴィリアのアルカザール宮殿に由来するものである。

中世 ——— 写本の装飾（8世紀・13世紀） 唐草模様、象徴図による飾り

図1・4 ─アルレイエンヌ図書館の写本から転載されたページの縁《ふち》取りの断片。その背景はシンプルであり、背景のみ彩色されている。

図2 ─ 11世紀後半のドイツ写本から引用した、イニシャルの「E」。フランシュ─コンテ地方のルクスーコ大修道院で使われるために作られた、ラテン語のミサ用福音書抄録。

図3 ─ケルト様式の模様で作られたモチーフ。

図5・7 ─大英博物館の、アルレイエンヌ・コレクションの別の写本からモチーフを借用したページの縁飾りの一部分。

図6 ─元の完全な形に再構築することが容易であるページの縁飾りの断片、12世紀のもの。

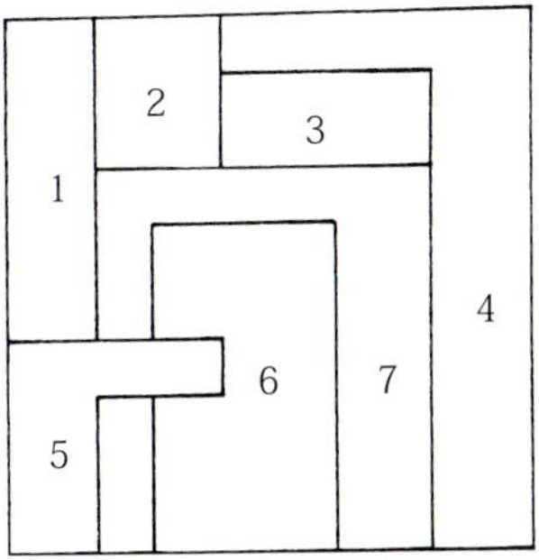

中世——ビザンチン様式（11 世紀）

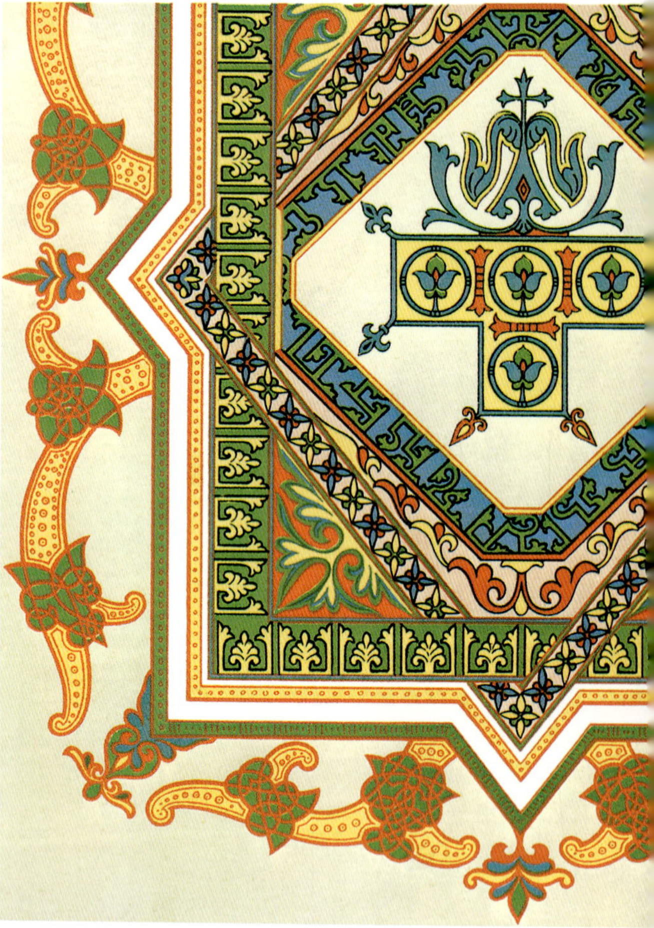

この花形模様は、国立図書館の、ギリシア語の写本から採られた。ばら色の背景の上の赤と黄色の葉むらには、アラブ美術が得意としていたシルエットや一般的な形が認められるが、それはよりのびのびと簡潔に表現され、しかもより強烈に考案された構図に結びつけられている。

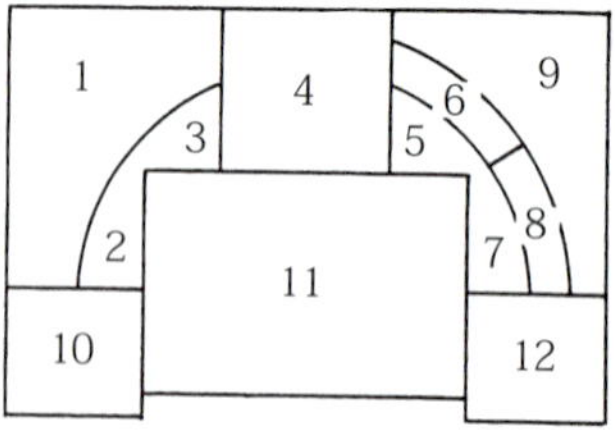

図1・4―パレルモのジザ礼拝堂より。

図2・7―テッサロニクの聖ジョルジュ、聖デメトリウス及び聖リフィ教会より。

図3・6・5―国立図書館蔵のギリシア写本より。

図 8 ―モンリール大聖堂より。

図 9 ―ギリシア写本より。

図 10・11 ― Memorie spettanti alla Calcografia del comm. より採る。コント・レオポルド・チコニャーラ。

中世――単彩画として普及していた装飾術の基本型数種（12～15 世紀

図1－15世紀に描かれた、すべての葉が落ちた灌木《かんぼく》（丈の低い木）の柄である。きわめて調和のとれた柄を生み出した装飾の一例である。

図2－14世紀および15世紀前半の写本の周縁装飾の広く普及した基本型である。モチーフは、ローマ時代の軍中隊の花形旗印で、1420年頃フランスで描かれた。

図3・4－花柄が様式化した、壮麗な植物螺旋《らせん》装飾の一部分。

図5・7－植物のモチーフ、15世紀製作。

図6－植物の原形をした飾り鋲《びょう》で作られている、正規の構造は配置模様の装飾。1400年頃のイタリア、おそらくフローレンスで描かれたものである。

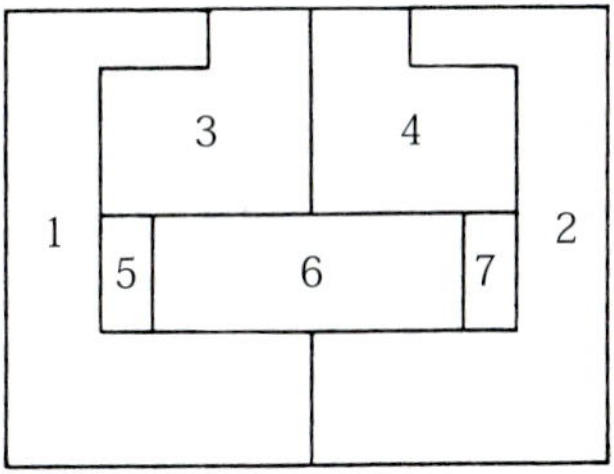

中世――木装飾　塗装・金箔（15世紀）

十分な厚みのあるこの二重拱廊《きょうろう》（アーケード）は、中央の柱からの枝である。両側とも正確な円弧ではなく、楕円で、その端は巻き込まれている。このアーチの上に、「花籠の把手《はしゅ》」という形の塔が

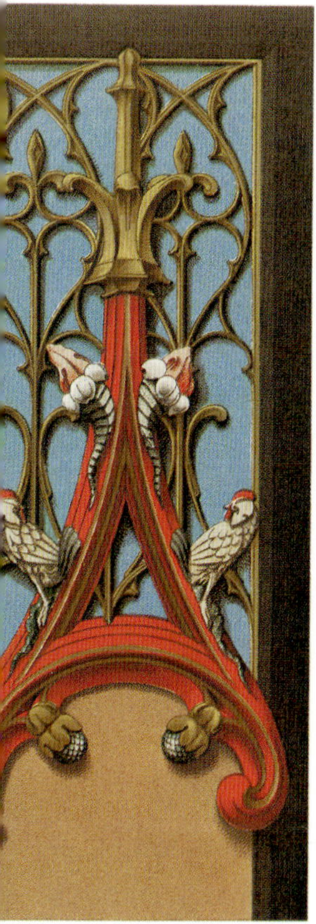

立っており、その頂《いただき》には花が形どられている。その塔の斜辺上に小鳥、猿のような動物が飾られており、アーチには花弁の舌状突起がぶら下がっている。

中世——刺繍とアップリケの図案（15 世紀）

この図版は、綴織《つづれおり》の壁掛けや、布地の装飾に関するモチーフを集めたものである。これらは単純な方法でありながら、強い効果を生み出している注目すべき装飾で、金を単色と調和させている。すなわち、ある時には彩色された地の上に金を浮かせる

かと思うと、ある時には反対に、金の上に彩色図案のシルエットを浮き立たせるというやり方である。これらの題材の大半は、パリの国立図書館の種々の写本から採ったものである。

中世——花と花形模様（15世紀）

すべて、いくつかの写本から採ったものの一部である。これらのモチーフは、概して、その国にある植物群からその形を借りている。ある時には、最も単純にそのままの形で、ある時には

いろいろな植物を組み合わせたり、あるいは動物とこれらを組み合わせたり、はたまたそこから生まれてくる人間の姿とこれら植物を勝手に組み合わせたりしている。

中世—七宝をほどこした金銀・宝石細工／縁《ふち》飾り（15世紀の写本装飾）

これらの図版は、15 世紀イタリア金銀宝石細工術の諸様式を紹介するものである。

図 1 ― 15 世紀のローマのミサ典書。ミラノのブレラ図書館所蔵。

図 2 ―縁《ふち》取り装飾の部分図。

図 3 ―ローマのバルベリーニ皇子図書館所蔵の薬方書 323。

図 4・5・6 ― 16 世紀の合唱曲集、聖歌集の装飾挿画部分図。

図 7 ―マチアス・コルヴァンの写本の頭文字「N」の装飾挿画。

図 8 ―グリマニー枢機卿の聖務日課書。ベニスのサン・マルコ図書館所蔵。ハンス・メムリングによる装飾挿画。

図9―シエナのミサ聖歌集より。

中世 —— 写本の彩色挿絵、花と宝石（15 世紀）

図1－shoenbornの祈禱書《きとうしょ》。ロスチャイルド氏所有。

図2－黄金伝説、ジャン・フーケの写本（国立図書館）。

図3・5－種々の写本（アルスナル図書館）。

図4・6－祈禱書（国立図書館）。

再現された題材のいくつかのディテールの中には、中世に好まれていた、気まぐれで幻想的な様式の形跡が見かけられはするが、一般的に言えば、それらは、美術もしくは現代工芸が模倣しても成功を収められるような、優雅で知的な様式に属するものである。

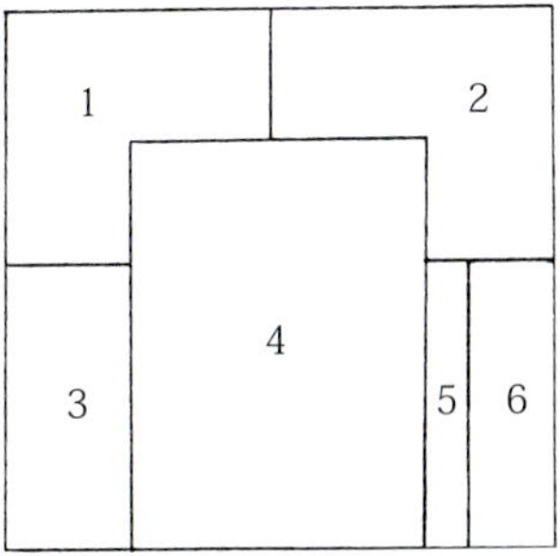

中世——彫刻による装飾（15～16世紀）

1

2

図1～5－塗装・金箔を施した、木装飾に付け加えるべき木製家具装飾。

図6・7－彩色された浮彫り。両方とも、手描き本の彩色挿画であるが、浮彫りで仕上げられている。図6はアルブレヒト・デューラー（ドイツの画家、エッチング彫版家。1471 － 1528）が、

3

4

5

6

7

よく気まぐれに複雑な絡み模様を彫ったが、それと同じものがここにも見られる。堅い直線的な絡み模様は、少なからずケルト色の強いものである。

中世——イタリア写本の彩色挿絵によるガラスの枠付けエナメル飾り

とぎれることなく全面に伸びている唐草は、その場所その場所で色調を変え、青地あるいは緑地では薔薇《ばら》色、また赤地では青という具合である。一本の同じ幹がこのように色彩を次々と

変えていく技法は、目の錯覚を利用したもので、特に反対色を組み合わせることによって、別な色を生み出す効果を狙ったものである。

中世――ギリシア・シリア調の織物装飾

1

2

3

図１・２－アベスヌスのプリスによって保存されていた紙挟みから採られたものである。図１は、サンランベール・シュール＝ロワールに保存されている大祭服の飾り縁《ぶち》と地の装飾である。図２は、変化に富んでいる唐草模様の美しい連続縁飾りの断片である。一つ一つの部分には、鷲とライオンが交互に描かれている。これは金銀刺繍で作られていて、はっきりとビザンチン様式の特徴を表している。

図３－アクス・ラ・シャペルの宝物からとられたものである。連続模様の興味ある例であるが、対部が欠けている。

中世——東洋風西欧錦まがい

この絹織物は、マルジアル・マルコの絵や、コンタリノ画廊やヴェニスから取り出した15世紀の錦織である。

布地は白い繻子《しゅす》で、装飾はインドやペルシア風である。その模様は、ペルシアの碁盤縞《ごばんじま》に見られる巧みな組み合わせを思い起こさせる。さらに、その植物の模様はとりわけインド風である。この控えめであるが晴れやかな装飾は、単調にならず規則的で、色彩は明るく、絹織物の中でももっとも魅力あるものの1つであり、“サラセン絹”という特別な名が中世に与えられていた。

図１～４・７－絵及び模様、アンベイの旧大修道院（アンシュ地方）。図７は水平の帯状装飾で、他の図版はすべて穹窿《きゅうりゅう》（円みをつけた天井）の帯状装飾である。

図５・６－絵及び模様、パリのサント・シァペル寺院。これらの図版の黄色は、その実物では黄金色である。

図 8 –絵模様、クレモンの大伽藍《がらん》（寺院）（ピィ・ド・ドーム地方）、年代は 14 世紀。

図 9 –絵及び模様、サン・ジアン・オーボワ旧大修道院の教会（オワズ地方）。ある墓碑のアーチ部分に描かれていたもの。

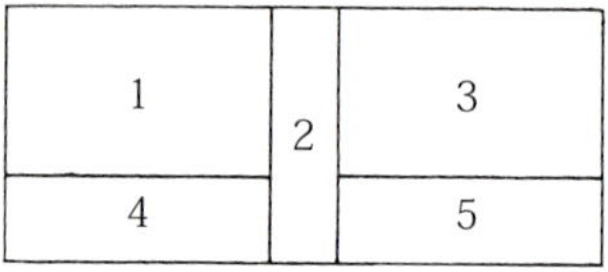

この図版の意図は、16世紀から17世紀にかけてのキリスト教写本に見られる古代多神教のイメージをモチーフとした装飾術を紹介することにある。その典型的な一例は、法王レオン10世在位時代の聖職者ポンペ・コロンナ枢機卿のミサ典書に認められる。ミサ典書とは、祈祷句、典訓、そしてミサの儀式に関するそれぞれの定式を綴りまとめた書物のことで、聖職者たちは、いわば聖務日課として毎日この書物を読まねばならなかった。

図1・3・4・5 ─ これらのモチーフは、すべて上記のコロンナミサ典書に施された装飾モチーフである。図1、3の中央に描かれて

いるメダイヨン（大牌《たいはい》）には、人間の口や銀の円柱などをかたどったコロンナ枢機卿の紋章が認められる。その上には、高位聖職者であることを象徴する僧帽が描かれている。図 1 の基本となるモチーフは、法螺貝《ほらがい》を吹き鳴らしている天使たちと戯れているトリトン（海の神）の肖像である。そして、図 3 の上部左右にかけられた奉納碑銘には、「聖なる使徒、ポンペ・コロンナ枢機卿」と書き記されている。図 2 は、2 段組みの写本に用いられる装飾モチーフである。

図 4 ―ミサ典書のページの上部を飾る縁《ふち》取り装飾画で、両側には天使が馬乗りになっているイルカが描かれている。

図 5 ―ページの下部の縁取り装飾画である。

ルネサンス──15～16世紀の写本装飾／縁飾り

これらの縁《ふち》取り装飾画は、15 世紀後期から16 世紀前期にかけて描かれた。その特徴は、自然崇拝、または自然主義的な傾向があることである。

図柄のモチーフとなる植物類は、すみれ、薔《ば》薇《ら》、ひな菊、イチゴ、他の図柄のモチーフに絡まりめぐるキャベツの茎や、先の尖ったあざみの葉類などの、すべて土着的な草花である。そして、蝶やかたつむりなどの虫、鳥など、われわれが日常生活の中で慣れ親しんでいる自然界の住人たちの姿が、これらの草花が鮮やかに彩る世界をいっそう生き生きと鼓舞している。

図 1・7 ～ 11 －大小の縁取り装飾の幾つかの手法を示す部分図である。自然主義的な彩色法や因襲的な彩色法が認められる。

図 2 ～ 6 －『聖母マリアの礼拝式』を装飾する大小の縁取り飾りの部分図。

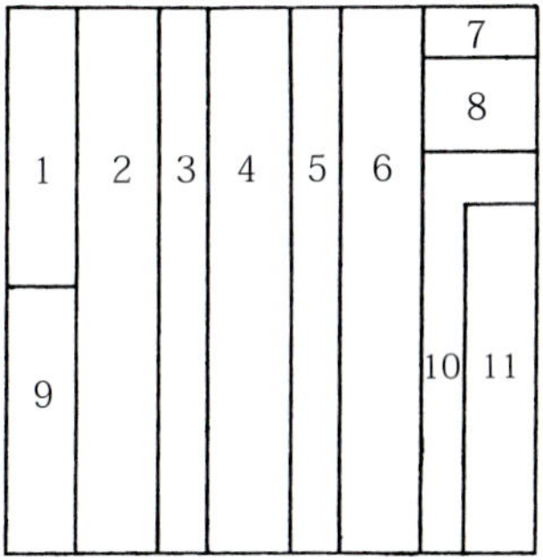

中央にある飾り文字「D」を別にすれば、ここにあげたモチーフは、すべて『アラゴンの祈禱書』の装飾細工から採ったものである。この装飾細工は、歴史的な装飾細工の成果の一つであると同時に、ルネサンス期における写本装飾細工の中で最も完成度の高い作品の一つにあげられよう。特に、ミラノで盛んに制作された金銀宝石細工の特徴と呼応している。

図版中央の飾り文字「D」の作者は、モンテ・ディ・ファヴィラレである。彼は、フィレンツェ大伽藍《がらん》（大寺院）の聖歌合唱集の装飾を手がけたことで著名になった装飾芸術家で、ここに紹介した飾り文字「D」は、上記のその聖歌合唱集から借りたものである。

飾り文字「D」に描かれている肖像は、シラクサ（シチリア島の都市）の女神ルセである。眼球をえぐり取られた眼は、左の掌に持った板の上に注がれている。肖像の上には一個の壷が描かれており、周りには百合の白い花々が華やかに咲きほこっている。女神ルセの肖像の下には、真珠、紫水晶、紅玉などで造られた宝石細工があり、それを抱きかかえているような天使が描かれている。

DE·EVR·DVX·BEEL·PV

図 1 ―ユルバン公爵のために制作されたダンテの『神曲』写本の装飾挿画（ローマ、ヴァチカン図書館蔵）。天上界の正面にある列柱で囲まれた中庭が描かれている。

図 2 ― 15 世紀に制作された聖書写本装飾挿画（ローマ、ミネルヴァ図書館蔵）。弦楽器を奏でる天使の影像や、ピエール 2 世、ブルボン公爵、アンヌ・フランスなどの紋章盾が描かれている。

図 3 ―コンスタンティンの母である聖エレーヌの肖像画。

図 4 ―ローマ、コルシティ皇子図書館所蔵の写本の装飾挿画。製作年代 16 世紀。

図 5 ―写本縁《ふち》取り装飾図。

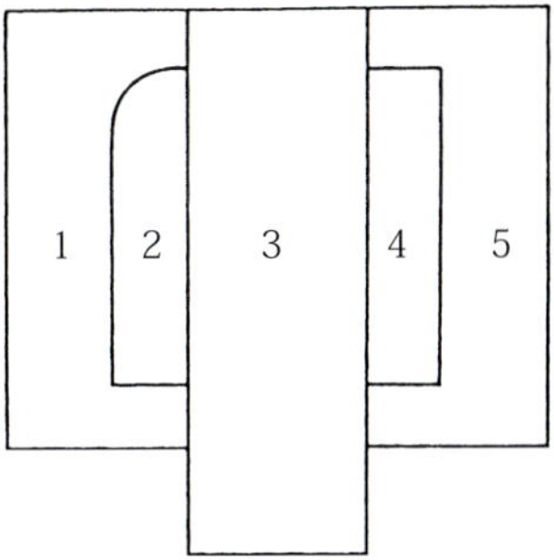

ルネサンス――装飾絵画および彫刻（16世紀）

図1・2・11 ―石の彫刻、シャトゥダン城（1530年）。

図3・4・5・6 ―板張り、ブロワ城（1530年）。

図 7・12・13 ―石の彫刻、ブロワ城（1530 年）。

図 8・9・10 ―写本絵画。

ルネサンス——フランソワ1世時代の壁板

これらは、フォンテンブロー宮の美しい祭壇画の再現である。

ルネサンス──16～17世紀のカルトゥーシュ

装飾用カルトゥーシュ（渦形装飾、装飾枠飾り。紙帯の端が巻いているような枠を作り、その中に紋章・文字などを表す）は、墓碑銘やメダルの標印、歴史上あるいは神話上の肖像に使われて、

その価値を高めている。装飾の枠は単純であるが、あらゆる種類の唐草模様や、人間の姿、花、果実、リボンが豊富な装飾を作り出している。

ルネサンス――リモージュの彩色琺瑯《ほうろう》細工及びイタリアの陶器の装飾

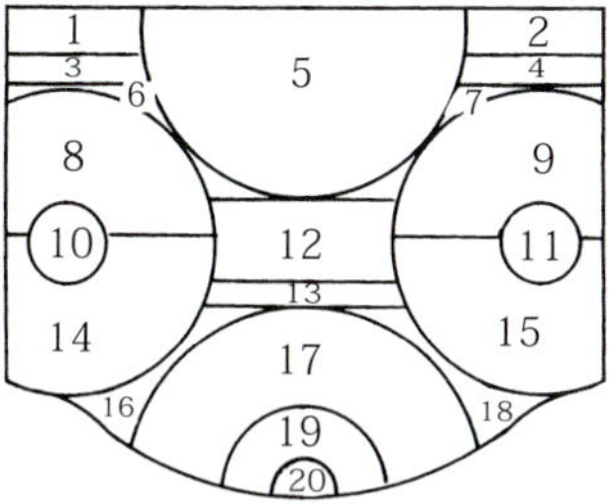

リモージュの彩色琺瑯《ほうろう》細工

図 1・2 ―レオナール・リムゥザンのアトリエ。

図 5 ―ピエール・レイモンのアトリエ、孔《あな》のあいた中心のある皿の裏側。

図 12 ―アルタン・リムゥザンの琺瑯。

図 19 ―ジャール・クゥールの縁《ふち》飾り。

イタリアの陶器の装飾

図 3・4・6・7・10・13・16・18 ― Urbino の製造所由来の、グロテスク模様の断片。

図 8・9・14・15 ―マジョリカ焼の皿と縁飾り。

図 17 ―琺瑯をかけた縁飾り。

図 11・20 ―七宝。

　ここに紹介した図版のモチーフは、すべて『ユルバン公爵の生涯』（ローマ、ヴァチカン図書館蔵）から採ったものである。
　この写本装飾に見られる特徴は、異なった二つの装飾様式の結合にあるといえる。その一つは、ラファエロがティトゥスの浴場跡の壁画や、トラヤヌス円柱などから学んだ古代ローマの装飾様式である。このローマ様式によって、ルネサンス期の細密画家達は、二つ以上のモチーフを重ね合わせる唐草模様の装飾画を習得したのである。もう一つは、ローマ様式にはまだ生まれていなかった新しいモチーフの配置法である。この新しい配置法によって、それぞれの装飾モチーフは、互いに離れたり重なり合ったりしながら、一つの新しい装飾画を出現させることになった。以上の二つの様式を結合させた新しい様式を、「カルトゥーシュ（渦形装飾、装飾枠飾り）」と呼んだ。
　図版左中央部にあるフランチェスコ・マリア１世公爵の肖像画は、色彩豊かな細密画である。また、図版右にあるメダイヨン（大牌《たいはい》）の木は、ユルバン公爵の紋章である柏の木。

ルネサンス——彫牙

全て、彫刻された象牙である。

図1～4－イヴォン公爵所有の、黒檀《こくたん》製の家具のディテール。この素晴らしい家具のパネルと脚のモチーフは、ヴァチカンにある、ラファエロの絵画に基づいて作られた。

図5－ブゥレイ・ド・ラ・ムルト氏所有の椅子のディテール。これもまたヴァチカンのモチーフに基づく装飾で、シルエットによる彫刻。

図6・7－骨董商、エヴァンス氏所有の小箱。

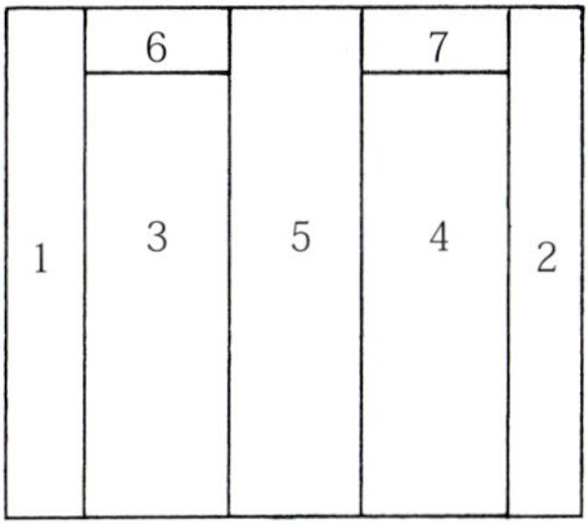

これらのステンドグラスの典型的な特徴は、大胆な手法と、より大きなスケールで造られた点にある。それは、細密画家の

かなり込み入った精巧な手法では彩色できなかったものである。

ルネサンス――陶器の彩色唐草模様

1 2 3

図1－「ソプラ・ビアンコ」と呼ばれる、薄く彩色された白地に白釉薬を塗った図案による陶器。現物の直径は26cm。

図2－磁器の皿の唐草模様装飾。この皿の中で、切れることなく繋ってゆく美しい絡みあいを形作っているイタリア風唐草模様は、東洋的な特徴を持った一種の紐によって縁《ふち》取りされている。現物の直径は 25cm。

図3－マジョリカ焼の皿、おそらく 1540 年頃の作と思われる。現物の直径は 33cm。

ルネサンス——写本装飾、琺瑯《ほうろう》の皿

1

3

4

図 1・2 ―写本の彩色挿絵から採られたもので、角のモチーフを形成している。

図 3 ―卵形皿の裏側で、実物の直径は 54cm ある。

2

図4 ー繰り返しモチーフを持つ、レオナール・リモザンの皿の縁《ふち》飾り。

ルネサンス――パネル、フリーズと縁《ふち》飾り

この図板を構成しているすべてのモチーフは、ルーアンで用いられている有名な祈禱書から採ったもので、その初版は 1508 年の日付である。これら多くの素朴なモチーフは、今日なお、ノルマンディーやピカルディー、シャンパーニュ地方の古い建築に多く見られる、よく目立つ大梁《はり》の魅力的な装飾を想起させる。

ルネサンス —— ステンドグラス

1

2

3

4

6

5

7

図1 ―ルアン大聖堂の中のアンボワーズ大司教たちの墓の上部を飾っている壁龕《へきがん》（西洋建築で、彫像などを置くために壁・柱の垂直面に作ったくぼみ）の頭部仕上げを再現したもの。

図2・3 ―ステンドグラス、1530年。ルアン考古学博物館。

図4 ―ステンドグラス、1560年。グラン・アンドリー教会。

図5 ―ステンドグラス、1520年。グラン・アンドリー教会。

図6・7 ―タペストリー（綴織《つづれおり》）。図柄の主題は凱旋。図6はタペストリーの四つの角のカルトゥーシュ（渦形装飾、装飾枠飾り）。そこに描かれている人物像から、フォンテンブロー派のものと判断出来る。このタペストリーは、俗に“アルテミスの綴織”と呼ばれている。見事に配置され、美しく装飾された人物像の特徴は、凱旋にふさわしい。図7は縁飾りのカルトゥーシュ。マリー・ド・メディシスの紋章が描かれている。

16世紀 ——ヴァチカンの絵画装飾（グロテスク模様）

図版中央の武器飾りを除いて、これらすべての断片はラファエロ

の絵画から採ったものである。

舗床として使用出来ない、上塗りのされたタイル。おそらくイタリア人の手によるこれらの作品は、スペインから、シャルル5世の時代に来たものであろう。ある部分は突き出ていて、ある部分はへこんでいる。光線を遮断している周りの隆起した部分が、これらの陶器の飾りに、穏やかで、同時に豊富な光沢を与えている。そしてよく考えられた配色が施されており、焼きが重要な役割を演じている。

上の二つの見本は、四枚のタイルを張り合わせることによって一つの模様となる。下段中央にある、その組み合わせの見事さから他より大きく再現したモチーフは、一枚のタイルからできている。あまり知られていないこれらの興味深い作品は、リモージュ美術館に置かれている。

16・17世紀 ――アップリケの図柄のある装飾壁布

1

3

2

しっかりとしたこれらの図柄は、表面の盛り上がりの力強さが顕著で、いわば装飾的彫刻のモチーフを形作っている。これらは、当時の最もすぐれた職人たちの手になるものにふさわしい。

図1・2－画家、ブゥヴィエ氏のコレクション。ジェノヴァから持ち帰られたこれら二つの断片の中で、刺繍はラシャ地の上に同じ布でなされ、縁《ふち》飾りのみ絹でできている。

図3－パリの骨董商、ルクレール氏のコレクション。布地は紫色の錦織にした絹（リヨン風）で、刺繍は黄色のサテンである。ミラノ産。

16・17 世紀――タペストリーの隅飾りと縁《ふち》飾り

図 1 ―ルイ 14 世に敬意を表して鋳造された、記念メダルのコレクションの縁《ふち》の装飾から借用した。

図 2 ―絹、毛、金、銀で出来た壁掛けの飾り縁。モールレーク工場製。

図 3 ―毛と絹で織られた壁掛けの飾り縁の角の部分、王立工場製。

4

5

図4－ジャン・ルポートル風の側面の飾り縁、ゴブラン工場製。

図5－6つの作品からなる、アルテミスを描いた壁掛けの最初の作品の飾り縁。パリ王立工場製。

17 世紀（前半）—— 壁画、細密画、琺瑯《ほうろう》細工および黒金

図 1・2 ―ルイ 13 世王妃、アンヌ・ドートリッシュのために作られた写本に由来する細密画。マザリヌ図書館。

図 3 ～ 7・10・11 ―サン・トゥスタッシュの建築物の装飾絵画。A. ルノワール著。

図 8 ―フォンテンブローの皇太后宮殿の鏡板。

図 9 ―リュクサンブール宮殿から採った鏡板。

図 12 ―黒金の断片。

図 13 ―琺瑯《ほうろう》をかけた金銀細工。

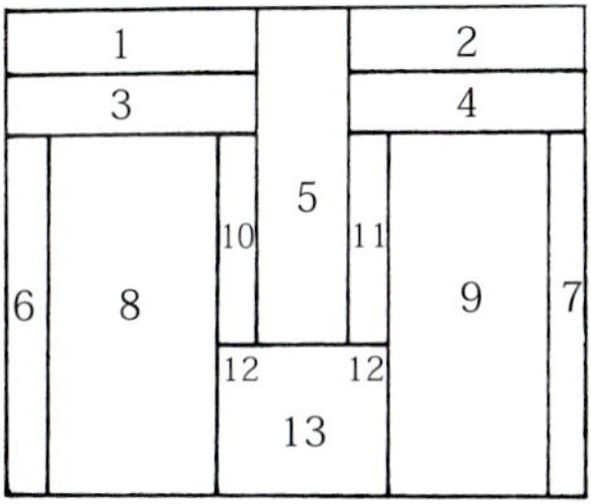

17 世紀 ———ロココ様式による室内装飾

図版は、ルーブルにあるアポロンの間のアーチ型をした天井の一部である。この装飾の全体は、深浮彫りと浅浮彫りでできており、

色鮮やかな絵画を掲げるための枠、台座として役立つ。装飾の色彩は、絵画が引き立つよう地味なものとなっている。

これら三つの壁面装飾は、木材の上に描かれたもので、装飾芸術中央協会が1882年に催した家具回顧展で、華々しく陳列された。原物は2.4mの高さがある、大きな装飾であった。

中央のモチーフである八角形の浮彫りには、アマルテイアという山羊の乳を飲むゼウスの姿が描かれている。というのも、この文学アカデミーの時代には、すべてのものが神話的だったからである。これら大型の装飾においては、シンメトリー（左右対称）様式がその構図を支配していたが、そこには、精巧な唐草模様が生み出すシルエットの光線によるすばらしい効果が今でも見られる。

われわれが再現したこの絨毯《じゅうたん》の原型は、ロベール・ド・コットの

手描き作品の一部をなす。国立図書館。

17世紀 ——壁掛（ゴブラン織）

図版の飾り縁《ぶち》断片は、ゴブラン工場で作られた一連の美しい壁掛から採られたものである。14枚から成るその壁掛は、『ルイ14世の物語』を描き出している。すべての情景の下絵がC.ル・ブランによって制作されたが、それらの情景には同じタイプの飾り縁が付けられている。壁掛け全体は、S.ル・クレールの彫った金属版に描かれている。

図版に載せた角の部分には、飾り縁の一般的な色調が見られる。作り方は贅《ぜい》を凝《こ》らしたもので、織物の生地として、羊毛、絹、金属糸、金、銀が使われている。

17世紀（後半）——アーチ式天井

この図版は、古い館にある金箔天井の一部分の縮図である。17
世紀末の上品で豊かな趣味で飾られたこの注目すべき一部分は、

ベランもしくはダニエル・マロといったこの時代の最高の職人たちの手にふさわしいものである。

これは四枚のタペストリー（綴織《つづれおり》）の一つの部分図で、「神話の主題」について語っている。製作は1757年で、ゴブラン

国営工場で織られた。全体の高さは 4.25m である。

18世紀 ──渦形装飾（カルトゥーシュ）

1
3
4
6
8

図1・2－これらのテーマは、この世紀のある時期、装飾術において直線をほとんど破壊してしまった、かなり曖昧な様式の複雑なジャンルに属する。

図3－サン・ジェルヴェ教会のために、1740年パリで描かれた教会本に由来。この背景は青色のカメオである。マザリヌ教会。

図4・5－装飾用怪人面。アブラアム・ボッスのもので、前世紀のものである。

図6・7－ド・ラ・ジュウによる象徴的な渦形装飾（カルトゥーシュ）。

図8－いわゆる“大ネルソン”と称される、オゥグスブール・アカデミー所長の、エリアス・ネルソンによって1752年に描かれた蔵書票。

四方に描かれたグリザイユ（モノクロームで描かれた絵画）によるモチーフは、鏡板から採ったもので、四季が描かれている。これらの自由な構図と巧みで簡素な表現は、興味を引くに値すると思われる。

図版の中央を占めている装飾的な唐草模様の混ざった花の壷は、ルイ 16 世の時代を特色付ける変化した装飾様式に属する。

対をなしている二つの肖像画は互いに対立している。左のほうは、未開拓であるが故に不毛な土地の荒涼さを表しており、右のほうは花の咲いた庭園で、文化の魅力を表している。一方には子どもとライオンを赤く燃える火に近づける悲惨さがあり、他方はすべてが

楽しげで、翼を持った愛は、そこに居を定めるためであるかのように、自らやってくる。環境がこのように大きく違っているにもかかわらず、二人の婦人は完全に同じ様子をしている。おそらく人間的悲惨は、不死の人には及ばないのであろう。

18世紀 ――磁器の上の絵

図 1·2·5·6 ―皿。図 5 にはデュバリイの頭文字がある。

図 3 ―食事セットの皿。

図 4 ―いわゆる“ビュッフォンの鳥”と称される食事セットの一部をなす皿。有名な『博物誌』の作者が自分のセーヴル版をこのように名付けた。これは 100 以上の品が数えられる。そこには、作品の中に登場するあらゆる鳥が描かれている。

図 7 〜 9・12 ―かご皿の、透かしになった縁《ふち》飾り。

図 10・11 ―皿の底。

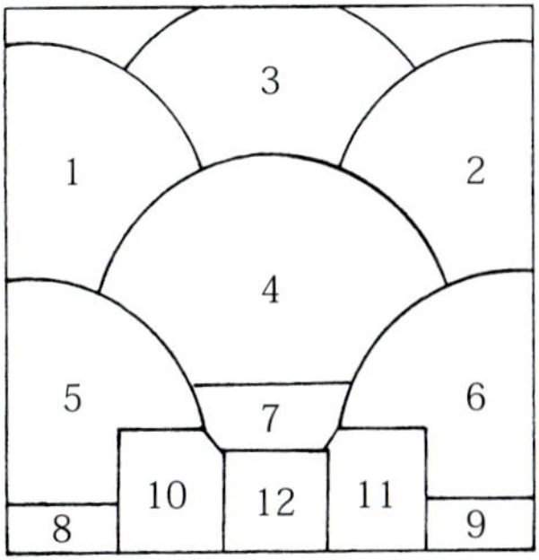

世界装飾図 II

2010年6月20日　第1刷発行
2019年5月20日　第3刷発行

原　著　者　オーギュスト・ラシネ
編　　　者　マール社編集部
発　行　者　田上 妙子
印刷・製本　シナノ印刷株式会社
発　行　所　株式会社マール社
〒113-0033　東京都文京区本郷 1-20-9
T E L　03-3812-5437
F A X　03-3814-8872
https://www.maar.com/

ISBN978-4-8373-2018-0　Printed in Japan